GIORGIO PREGNOLATO

IL SITO VINCENTE

Come Realizzare un Sito Internet
Affermato e Visibile e Renderlo
uno Strumento di Business

Titolo

"IL SITO VINCENTE"

Autore

Giorgio Pregnolato

Editore

Bruno Editore

Sito internet

http://www.brunoeditore.it

Sommario

Introduzione

Caro lettore, questo ebook vuole essere una guida chiara teorico/pratica per allargare gli orizzonti del mercato locale e affrontare i principali aspetti di ciò che potrebbe essere il giusto mezzo per creare prospettive nuove e vincenti. Immagina di possedere uno strumento talmente potente da portare a conoscenza dei tuoi servizi migliaia di utenti. Questo è quanto troverai proseguendo nella lettura, ma voglio avvisarti che il risultato di ciò che otterrai dipenderà esclusivamente da te stesso. Maggiore è l'impegno, migliore sarà il successo!

Renderò partecipe il lettore delle mie esperienze personali; illustrerò alcune tecniche che potranno essere applicate e ampliate per sviluppare una propria idea di *business*. Proprio così, questa guida non prevede che il lettore sia un esperto programmatore, bensì una persona curiosa pronta a mettersi in gioco per conformare il proprio punto di vista alle regole del mercato.

Ieri

Circa tredici anni fa, mi imbattei in un interessantissimo articolo su una rivista d'informatica che illustrava la possibilità di avere un proprio sito internet. Ricordo che rimasi folgorato da quell'idea che si fissò nella mia mente in attesa di concretizzarsi. Mi chiedevo se sarei stato in grado di realizzare una serie di pagine che potessero rappresentare i miei interessi personali o professionali per poter così condividere con altri le mie passioni. Ciò che alimentava ancor di più questo desiderio era la straordinaria capacità di comunicazione che riusciva a offrirmi internet.

Voglio essere sincero e confessare che, in realtà, non capivo perfettamente come questo processo d'informazione globale potesse avvenire. Mi chiedevo: «Come può essere possibile? Carico un file su internet dal mio computer e quest'ultimo può essere accessibile da chiunque in tutto il mondo!»

Iniziai a paragonare i mezzi d'informazione tradizionale con questo nuovo strumento. Pensavo che per esprimere un'idea, un progetto o più semplicemente per condividere un'esperienza, avrei dovuto rivolgermi ai giornali o alla radio ma, quanto sarebbe costata "la comunicazione" di un concetto aziendale, una pubblicità?

Mi accorsi che internet non aveva paragoni. I costi da supportare si prospettavano bassi, tutto ciò che occorreva era un po' di conoscenza del nuovo strumento per ottenere grandi risultati. In breve tempo pubblicai il mio primo sito internet e attivai la mia nuovissima casella di posta elettronica.

Oggi

Forse anche tu, come me, ti sei reso conto che qualcosa sta andando nel verso opposto a quanto speravi: i canali tradizionali di vendita si sono all'improvviso congelati, niente è più come prima. Il grigio panorama economico ci costringe a cercare nuove soluzioni, a capire quali siano i percorsi giusti da intraprendere, a valutare con molta attenzione quali saranno gli investimenti giusti su cui riporre le nostre speranze.

Internet ha segnato e rivoluzionato il mio punto di vista e, oggi, ho deciso di condividerlo con te. Ricorda che questo non è un "metodo per fare soldi", bensì un insieme di strategie che, se applicate a dovere con buona volontà e impegno, apporteranno un grosso beneficio al raggiungimento del tuo obiettivo.

GIORNO 1:

Come trarre successo dal tuo sito internet

Perché investire su internet?

Dall'indagine di SEMS e OTO Research (http://www.sems.it/) condotta nel 2010 sull'utilizzo dei motori di ricerca in Italia, emerge che nove italiani su dieci consultano i motori di ricerca prima di un acquisto *on line*. Primo tra tutti Google. Ecco spiegato il motivo per cui, all'interno di questo e-book sarà spesso citato, pur considerando anche gli altri motori di ricerca.

Il 91% degli italiani fruitori di internet sostiene che i motori di ricerca siano uno strumento fondamentale per compiere ricerche di approfondimento, mentre il 66% li considera anche un mezzo informativo per compiere acquisti di prodotti e servizi. La consultazione dei motori di ricerca è un'abitudine quotidiana nell'88% dei casi.

L'83% degli italiani nel 2008, l'87% nel 2009, il 92% nel 2010 consulta Google (e altri motori) per trarre informazioni prima di portare a termine degli acquisti. L'83% delle persone che hanno risposto al sondaggio dichiara di compiere sempre o spesso ricerche per informarsi sui prodotti o servizi che sta valutando di acquistare.

Grazie a questi dati statistici, possiamo affermare con certezza che internet rappresenta il nuovo mezzo di comunicazione e vendita per eccellenza.

Ora che ne conosci le potenzialità, hai l'opportunità di sfruttare un mezzo di comunicazione che ti permetterà di creare *business* in breve tempo. Internet offre la possibilità di avere un enorme bacino d'utenza che potrà soddisfare le esigenze delle tue nuove idee, è un terreno fertile dove porre i nostri progetti e vederne velocemente fiorire i risultati. Cerchiamo allora di creare una linea guida che supporti una qualsiasi nuova, o già esistente, attività.

Sappiamo tutti che è facile avere una buona idea ma, spesso, non si riesce a incanalarla all'interno di un progetto. L'entusiasmo ci prende anima e corpo, la tendenza è di buttarsi a capofitto nello sviluppo di quella fantastica percezione. Le problematiche che incontriamo dopo una prima analisi però, tendono a creare un velo di sconforto sulla magia che si era creata.

Analizzando un'idea, ci accorgiamo che la soluzione è sempre più distante, ogni dubbio è uno "Stop", una riflessione che ci ostacola e che richiede una nuova analisi con relativi innumerevoli inconvenienti. Molto spesso i problemi che incontriamo potrebbero essere superati solo grazie a investimenti piuttosto alti. Un progetto tradizionale prevede sempre, infatti, i costi per un'eventuale infrastruttura, i costi di *marketing* e, non ultime, le spese per il personale. Queste spese non esistono se il luogo di realizzazione è virtuale. Ecco perché internet è uno strumento eccezionale.

Internet ci aiuta a superare i problemi di cui abbiamo parlato poco fa, abbattendo i bisogni di una sede fisica, offrendo automazioni che non comportano la nostra presenza e soprattutto mettendo a nostra disposizione un enorme potenziale in termini di utenza. Nelle piccole realtà locali, la creazione di un sito internet che rappresenti l'azienda non è ancora considerata un'idea di *business*. Spesso la preferenza ricade sulle tradizionali pubblicità: radio, riviste ecc. A livello locale possiamo approssimativamente quantificare l'uscita di denaro per la promozione aziendale in:

1) radio locali € 350/1500;
2) quotidiani locali € 150/4000;
3) quotidiani nazionali € 1000/40.000;
4) riviste locali € 250/1200;
5) riviste nazionali € 1000/9000;
6) tv locali € 3000/15.000;
7) tv nazionali € 20.000/60.000.

Questa è la panoramica dei costi da sostenere. I costi sopra descritti sono mensili, settimanali o a uscita. Sviluppare un sito web comporta un esborso in denaro che può variare tra gli 800 e i 5000 euro circa (*una tantum*).

La differenza di costo per la creazione di un sito internet è giustificata dalla tipologia di struttura e grafica scelta dal cliente. Il sito internet è la rappresentazione della vostra azienda e sarà disponibile 24 ore su 24, 365 giorni/anno per utenti di tutto il mondo.

Come in tutte le realtà, occorre ragionare sul *budget* da destinare al prodotto da realizzare in base all'obiettivo che l'azienda desidera raggiungere al termine di un progetto di pianificazione. Un sito a basso costo non avrà avuto, in fase di sviluppo, particolari attenzioni riguardo alla grafica e alla struttura. In questo caso lo sviluppatore avrà saltato a piè pari gli aspetti dell'ottimizzazione del codice per il buon posizionamento sui motori di ricerca.

SEGRETO n. 1: pubblicizzare la vostra azienda su internet, 24 ore su 24, 365 giorni all'anno, attraverso la creazione di un sito, ha costi più bassi di molte pubblicità tradizionali.

Come scegliere la web agency per realizzare il tuo sito

In questo capitolo cercherò di illustrare sia il punto di vista del cliente, sia quello del fornitore di servizi web, così da disegnare una situazione "tipo" che possa essere vantaggiosa per entrambi. Per ottenere successo con il tuo sito internet è ovviamente necessario possederne uno. Tuttavia, per chi ancora non lo avesse, sono disponibili molte agenzie specializzate nel settore dello sviluppo di siti web.

Il consiglio che posso dare, dopo una decennale esperienza nel settore informatico-web, è di tenere in considerazione diversi aspetti prima di decidere di affidare a qualcuno l'immagine della vostra azienda:

1) l'anzianità dell'agenzia, e quella dei soci o dipendenti della stessa, anche se non fondamentale è un aspetto da valutare. Un'attività appena avviata non può aver già completamente superato le problematiche presentatesi a un'azienda che risiede sul mercato da molti anni;
2) per ottenere un buon prodotto, la divisione dei compiti è fondamentale. Consiglio quindi di scegliere un team di persone dove si possano distinguere le attività di *webmastering* e *web design* e che possibilmente abbia al suo interno un SEO specialist (specialista nell'ottimizzazione della struttura del sito per l'indicizzazione sui motori di ricerca). Così facendo si eviterà di far cadere la nostra scelta su una singola persona che sviluppi grafica, struttura e quant'altro;
3) controllate quanti e quali lavori siano stati eseguiti: il *portfolio* e guardate se all'interno c'è un progetto simile a quello che vorreste realizzare;
4) se il vostro obiettivo è la creazione di uno strumento per il

business della vostra azienda, non limitatevi a chiedere un preventivo, chiedete un *brief* (documento per la preparazione di un progetto atto a sviluppare pubblicità). L'agenzia qualificata saprà benissimo che sta affrontando una situazione in cui dovrà prevedere, in base a un *target* definito, il raggiungimento di un obiettivo, l'offerta e tanti altri aspetti. L'agenzia qualificata proporrà strategie e non solo prezzi di realizzazione;

5) cercate uno stretto rapporto di comunicazione per capire se l'agenzia è veramente preparata. Potrebbe preventivare un importo ma è bene avere uno o più incontri affinché siano chiare le vostre idee, i vostri obiettivi. Più domande vi saranno poste, più probabilità di buona riuscita avrà il vostro progetto. Le aziende specializzate sapranno farvi proposte innovative e magari, mettere in discussione alcune vostre richieste.

Esperienze

Negli anni trascorsi a contatto con diverse attività aziendali, ho trovato spesso confusione nelle richieste pervenute. L'azienda che decide di strutturare un sito internet non ha molto chiaro l'obiettivo per cui lo desidera.

Alla domanda: «Cosa vi aspettate dal vostro nuovo sito?» sovente la risposta è: «Vorremmo sviluppare un sito-web che rappresenti la nostra azienda, ci bastano due o tre paginette, non necessitiamo nemmeno di aggiornamenti».

La risposta non ha soddisfatto la domanda posta. Il riscontro evidenzia un *budget* approssimativamente contenuto, che ci spinge a riflettere su quale potrebbe essere l'obiettivo.

Alla domanda: «Qual è l'obiettivo di questo vostro investimento?» sovente la risposta è: «Abbiamo visto che nostri concorrenti hanno un riferimento su internet mentre noi non lo abbiamo ancora».

A questo punto rischiamo di creare un sito che soddisfi apparentemente il nostro cliente. Il prodotto sarà apprezzato ma, come accade dopo qualche mese, il cliente inizierà a chiedersi per quale motivo la sua azienda su internet non riceve visite. Ecco perché non è sufficiente soffermarsi sulle prime idee del cliente. Un investimento non è tale se non apporta beneficio.

È importante informare il cliente su tutte le novità relative al *web marketing*. Ricordate inoltre, che la domanda è una fonte d'informazione, non solo per chi la pone, ma soprattutto per chi deve rispondere. Rispondere a una domanda può farci riflettere sulle convinzioni e talvolta portarci a capire che la nostra volontà ha assunto un aspetto diverso dalla prima esposizione.

SEGRETO n. 2: diffidate di chi vi dà sempre ragione, confidate nella persona che ritiene più opportuno porvi domande per permettervi di chiarire gli aspetti più importanti del vostro progetto.

Tipologia del sito internet

Sono poche le aziende che decidono di sviluppare il loro sito internet dopo un'attenta pianificazione. Se non avete la fortuna di trovare i consigli e le proposte di una buona *web agency*, rischiate di trovarvi, come molti, un sito internet che non rappresenta appieno la vostra attività e non riesce a raggiungere nemmeno uno degli obiettivi che vi eravate prefissati.

Come scegliere un sito internet

Destinare un budget per la creazione di uno strumento qual è un sito internet, deve essere l'ultima cosa da affrontare dopo un'attenta riflessione sugli obiettivi che lo stesso sito dovrà soddisfare.

Allora come scegliere? Cosa chiedersi? Allontanatevi dall'idea di vedere il vostro sito già finito, funzionante e bello, pensate invece a rispondere a queste domande:

1) Perché ho bisogno di un sito internet?
2) In che modo potrò trarre profitto da questo strumento?
3) Costruito il sito internet, come posso fare in modo di essere trovato prima dei miei concorrenti?
4) Perché gli utenti dovrebbero visitare il mio sito invece di un altro che tratta argomenti relativi alla mia stessa attività?

La risposta a queste domande vi chiarirà le idee sulla tipologia dello strumento che più si addice alle vostre esigenze. Ci sono aziende che desiderano pubblicizzare un prodotto attraverso internet creando un mini-sito relativo al prodotto stesso.

Un mini-sito è uno strumento di *marketing* e può essere di due tipi:

1) *Squeeze Page*;
2) *Landing Page*.

Squeeze Page

Una pagina web costruita in modo tale da incentivare l'utente a lasciare i suoi dati attraverso l'iscrizione a una *mailing list* con la promessa di concedere contenuti accattivanti. La *Squeeze Page* è quindi un mezzo per creare o accrescere la tua *list building* (lista di mail acquisite da iscrizioni).

Landing Page

Una pagina web creata e ottimizzata per convogliare un *target* di utenti derivante dai motori di ricerca. Di norma la *Landing Page* è associata a una campagna *pay per click*.

E-commerce

Altri pensano che il profitto debba essere quantificato in denaro con entrate provenienti dalla vendita di prodotti e stabiliscono che lo strumento adatto sia un sito *ecommerce*. Spesso le aziende non affrontano l'idea di creare il proprio sito *ecommerce* pensando di non poter sostenere un'ipotetica spesa troppo alta. È un errore.

Prezzi accessibili per siti e-commerce

Se fino a qualche anno fa la realizzazione di un sito *ecommerce* comportava un notevole costo, oggi possiamo trovare servizi per la gestione del commercio elettronico a costi accessibili. Alcune *web agency* sono in grado di offrire tali servizi a soli 50,00 € + IVA mensili o addirittura inferiori per contratti di durata annuale.

Valutate attentamente le caratteristiche del prodotto, nonché il costo di eventuali moduli o servizi aggiuntivi associati. Esistono infatti alcuni moduli che, seppur rappresentati come opzionali, sarebbe bene fossero parte integrante del servizio, indispensabili quindi sin dalla partenza. L'ottimizzazione del codice per l'indicizzazione dei motori di ricerca potrebbe rappresentare il caso sopra esposto. Grazie all'ottimizzazione del codice si aumenta notevolmente la probabilità di scalare le classifiche dei motori in tempi ragionevoli. Prestate attenzione anche alle caratteristiche tecniche relative all'*hosting*, ossia quanto spazio vi è offerto per ospitare il vostro negozio *on line*, eviterete così di incorrere in spiacevolezze quali il numero limitato di prodotti da poter inserire.

L'*ecommerce* è diventato uno strumento accessibile a tutti, sia in termini di *budget*, sia per conoscenza dell'uso della tecnologia. Infine c'è chi ha pensato di costruire una semplice "carta d'identità" aziendale destinando un *budget* limitato. Chi può dire quale sia la miglior soluzione? La soluzione non deve essere per forza la stessa per tutti.

SEGRETO n. 3: la soluzione è giusta quando soddisfa l'obiettivo. Scegliete la tipologia del vostro sito in base alle vere esigenze. Potreste raggiungere il vostro scopo con un *budget* veramente limitato.

Come creare contenuti di successo

Dobbiamo allontanarci dalla soluzione per considerare tutti gli aspetti del *business* che vogliamo costruire. Si può cogliere la soluzione solo dopo aver affrontato tutti i problemi e i dubbi sorti dal momento in cui abbiamo avuto l'idea di sviluppare il progetto. Gli utenti che navigano su internet hanno cambiato il loro atteggiamento dopo l'avvento dei *blog*. In realtà, l'andatura sarebbe cambiata anche prima se non fosse per l'informazione un po' limitata.

Oggi possiamo trovare *blog* che riguardano qualsiasi tipo d'interesse, dalla cucina alla tecnologia, dagli animali al paranormale ma, ciò che interessa veramente sono i contenuti. Se un tempo vedevamo apparire nelle SERP *(search engine results page* – pagina dei risultati del motore di ricerca*)* di Google siti con contenuti datati di 10 anni, noteremo ora un deciso rinnovamento sulle classifiche mondiali con una riclassificazione più corretta a giusto discapito dei vecchi siti. La soluzione per ottenere il successo non è poi così difficile, dobbiamo pensare a cosa sia interessante per noi. Proviamoci.

Come sviluppare i contenuti

Gradireste visitare un sito dove la lettura dei contenuti risulti difficoltosa a causa dei caratteri troppo piccoli, del mancato rispetto della punteggiatura, dei colori troppo forti? Immagino che la risposta sia «no!»

W3C standard e compatibilità

Le regole del *World Wide Web Consortium* – W3C che comprende le linee guida per l'accessibilità ai contenuti web, sviluppate per gli utenti portatori di *handicap*, sono diventate altresì consigli per lo sviluppo di un buon sito internet. La creazione di un sito web deve rispettare gli standard del W3C.

Rispettare gli standard significa essere compatibile con le versioni (anche meno recenti) dei browser più utilizzati del momento:

- Internet Explorer;
- Mozilla Firefox;
- Google Chrome;
- Safari;
- Opera.

Senza rispettare gli standard rischiamo che il nostro sito non sia visibile a una fetta di utenti che usano un *browser* escluso dalla compatibilità.

SEGRETO n. 4: compatibilità = maggior numero di utenti

raggiungibili. Se il vostro sito non rispetta gli standard, questo potrebbe precludere il raggiungimento di una fetta ingente di utenti.

Come essere i numeri uno per Google

Tutti ormai conosciamo il motore di ricerca per eccellenza: Google (detto anche BigG). Tutti noi lo avremo usato almeno una volta. Visto, rivisto, analizzato e rivisitato, Google piace perché è semplice, intuitivo e veloce.

Come possiamo constatare Google ha fatto la giusta scelta. Nelle sue applicazioni, trasformate in servizi gratuiti come Gmail, possiamo notare le stesse caratteristiche: ancora semplicità, velocità e intuizione. BigG ha preferito considerare la semplicità anche a discapito delle immagini. Un eccellente esempio di quanto leggerete nei successivi capitoli.

Niente stratagemmi

Durante la mia esperienza, ho avuto il piacere di confrontarmi con persone operanti nel settore SEO (*search engine optimization* – ottimizzazione per motori di ricerca) e di sovente si commisuravano tecniche per l'ascesa alla classifica dei risultati. Taluni, con il sorriso sulle labbra, dicevano di aver trovato il sistema di "fregare" Google. Avevano architettato uno stratagemma!

L'astuzia consisteva nell'inserire all'interno dell'*home page*, o altre pagine per cui si nutriva l'interesse di arrivare primi, il *tag* <H1> (tag usato per contenere testo relativo a titoli principali) dello stesso colore dello sfondo. L'idea di aver sviluppato un sito internet e vedere che, dopo uno o due anni, non si hanno le tante sperate visite e buone posizioni in classifica, non va giù a nessuno. Ecco giustificata quindi l'idea dello stratagemma.

Google considera il tag <H1> interessante perché contenente frasi di particolare rilievo, come il titolo di un articolo; di conseguenza ne tiene conto per l'indicizzazione. Lo sviluppatore di cui sopra, applicando questo trucco all'interno del corpo della pagina, inserì diverse *keywords* (parole chiave – parola o accoppiate di parole rilevanti per la loro attinenza con l'argomento trattato in una pagina atte a migliorare la ricerca della pagina), pensando così di rivalutarne la considerazione. Peccato però che Google ci avesse già pensato.

Sulla documentazione che BigG ha reso pubblica per gli sviluppatori, sono riportate le norme sulla qualità tra cui: «Evitare testo e *link* nascosti».

Morale della favola, dopo 2 mesi, il sito internet a cui erano stati applicati gli stratagemmi fu riconsiderato in negativo, con la conseguente perdita di posizioni nella classifica dei risultati.

SEGRETO n. 5: non applicate stratagemmi per risalire le classifiche dei motori di ricerca; potreste ottenere risultati contrari a quanto sperato.

Come ottenere risultati rispettando le regole

Prima di procedere allo sviluppo di qualsiasi progetto, si devono considerare tutte le possibilità e soprattutto i problemi che si incontreranno sul percorso. Se il webmaster avesse tenuto in considerazione che uno degli obiettivi del lavoro svolto sarebbe stato il posizionamento sui motori di ricerca, avrebbe pensato di realizzare una struttura adeguata.

Applicando una struttura rinnovata e ottimizzata quando il sito è *on line* da qualche tempo, si rischia di penalizzare i contenuti che erano già stati indicizzati.

Le regole

Ogni motore di ricerca mette a disposizione la documentazione necessaria a soddisfare le tante richieste poste dai professionisti. Non lasciamo che tale documentazione sia stata scritta invano. Leggere le istruzioni *Salva la Vita* e *il Tempo*. Nelle istruzioni per i *webmaster* di Google, ad esempio, si possono trovare informazioni fondamentali che costituiscono una guida per la realizzazione di un ottimo sito. Vediamo allora di riassumere come deve essere progettato un sito internet:

Cosa si deve fare:

- rispettare gli standard W3C;
- rispettare l'impaginazione;
    - titolo
    - sottotitolo
    - paragrafo
- crea collegamenti testuali comprensibili;

- crea una mappa del sito per facilitarne la navigazione;
- non utilizzare troppe immagini, cerca di sostituirle con il testo;
- limita i collegamenti all'interno di una pagina;
- aggiorna il sito internet con contenuti freschi e interessanti;
- crea titoli attinenti al contenuto della pagina che stai realizzando;
- quando inserisci un'immagine, assicurati che il *tag alt* sia descrittivo atto a sostituire l'immagine;
- quando inserisci un video cerca di descrivere con una linea di testo ciò che vuole proporre il filmato;
- controlla che all'interno del sito tutti i *link* siano funzionanti;
- usa un *browser* testuale per verificare come gli *spider* visualizzano le informazioni del sito;
- assicurati che i tempi di attesa per il caricamento delle tue pagine sia abbastanza veloce;
- Crea il *file robots.txt* all'interno del tuo spazio web impostando/indicando i contenuti per cui vuoi che sia eseguita la scansione.

Cosa non si deve fare:

- non escogitare stratagemmi, inconsapevolmente potresti penalizzare il tuo sito;
- non partecipare agli scambi *link*, si rischia di incorrere in *link* non pertinenti ai contenuti del sito o di bassa qualità, semmai scambia il tuo *link* con siti che trattano il tuo stesso argomento e che siano al tuo stesso livello qualitativo o superiore;
- non mascherare *link* che portano a siti diversi dal tuo facendo credere all'utente di rimanere sul tuo sito;
- non inserire testo o *link* dello stesso colore dello sfondo, nascosto da un'immagine, nascosto dal CSS o con dimensione pari a zero;
- non utilizzare *software* ripetitori al fine di generare più visite;
- non inserire parole chiave non pertinenti al contesto della pagina;
- non creare contenuti duplicati presenti in altre pagine o domini o sottodomini.

Nonostante esistano regole precise da seguire per la buona riuscita del progetto, l'impegno e la particolare attenzione rivolta all'applicazione di tali principi è notevole. Un ottimo risultato comporta un lavoro certosino, quindi non disperate, non c'è bisogno di aver frequentato l'università, serve solo dedizione e buona volontà.

RIEPILOGO GIORNO 1:

- SEGRETO n. 1: pubblicizzare la vostra azienda su internet, 24 ore su 24, 365 giorni all'anno, attraverso la creazione di un sito ha costi più bassi di molte pubblicità tradizionali.
- SEGRETO n. 2: diffidate di chi vi dà sempre ragione, confidate nella persona che ritiene più opportuno porvi domande per permettervi di chiarire gli aspetti più importanti del vostro progetto.
- SEGRETO n. 3: la soluzione è giusta quando soddisfa l'obiettivo. Scegliete la tipologia del vostro sito in base alle vere esigenze. Potreste raggiungere il vostro scopo con un budget veramente limitato.
- SEGRETO n. 4: compatibilità = maggior numero di utenti raggiungibili. Se il vostro sito non rispetta gli standard, questo potrebbe precludere il raggiungimento di una fetta ingente di utenti.
- SEGRETO n. 5: non applicate stratagemmi per risalire le classifiche dei motori di ricerca; potreste ottenere risultati contrari a quanto sperato.

GIORNO 2:
Come applicare tecniche di successo al tuo sito

Meta Tag Title

Nella parte iniziale del codice HTML di ogni pagina web è utile impostare correttamente alcuni parametri denominati "meta tag" descritti di seguito.

<title></title>. Il meta tag <title> include il titolo della pagina; ponete particolare attenzione all'inserimento di un testo corretto grammaticalmente, nonché alla sua pertinenza al contesto della pagina stessa e controllatene la lunghezza: massimo 80 caratteri.

Esempio: <title>Web Agency – Sviluppo siti internet</title>. L'esempio sopra riportato è corretto se all'interno della pagina sono descritti i servizi che l'azienda d'informatica offre, compreso lo sviluppo dei siti internet. Se i contenuti della pagina riguardassero prettamente il posizionamento sui motori di ricerca, il titolo assegnato nell'esempio sopra risulterebbe errato e dovrebbe essere modificato in: <title>Web Agency –

Posizionamento Motori Ricerca</title>, oppure <title>Web Agency – Primi sui Motori Ricerca</title>.

Meta Tag Description

Il *meta tag* <meta name=”description” … conterrà una breve descrizione dei contenuti della pagina. Utilizzate un massimo di 200 caratteri, ma ricordate che Google ne proporrà 130. Google mette a disposizione tra le sue guide anche un’indicazione su come dovrebbe essere scritta la descrizione.

Esempio: <meta name=”description” content=”La nostra società si occupa della progettazione e sviluppo del web”>.

I due *meta tag* illustrati sinora sono importantissimi poiché il loro contenuto sarà direttamente visualizzato nella lista delle ricerche relative al sito web. Tuttavia, come denotano le indicazioni di Google, il motore potrebbe ritenere più opportuno illustrare una descrizione alternativa a quella che è stata scritta nel <meta name=”description” …

Potrebbe infatti, scegliere di inserire una porzione di testo contenuta nella pagina oppure, decidere di visualizzare la descrizione da voi stabilita al momento dell'iscrizione alla più celebre delle directory: www.dmoz.org. Non male come sorpresa!

Anche se Google indica quanto descritto finora, esiste un metodo più efficace per rendere facilmente indicizzabile e posizionabile il vostro sito. Dalle tante prove fatte, sembra che Google consideri la ripetizione delle stesse parole all'interno del <title></title> e <meta name="description" cosa buona e giusta.

Più volte si ripete una o più parole corrispondenti alla chiave di ricerca nel testo della pagina e migliore sarà la considerazione del contenuto da parte di Google. Parliamo quindi di *keyword density*. La considerazione è corretta. Rilevando infatti, che una o più parole ricercate sia presente numerose volte nel contesto della pagina, fa pensare che il contenuto sia effettivamente interessante, tanto da proporlo nella lista dei risultati.

Attenzione però: esagerazione = *spam*.

Meta Tag Keywords

All'interno di questo *meta tag* vanno inserite le *keywords*, ossia le parole chiave. Esse vanno immesse separate da uno spazio o una virgola. Devono essere pertinenti al contesto della pagina, sconsigliato inserire molte parole anche non pertinenti, al fine di inglobare molti settori d'interesse: potreste essere penalizzati. Tuttavia Google non considera più le *keywords* ormai da qualche tempo. Mettiamole comunque, sono prese in considerazione da altri motori di ricerca.

Meta Tag Robots

<meta name="robots" content="... Questo *tag* controlla il comportamento degli *spider* in relazione alla pagina in cui è stato inserito. All'interno del *tag* possiamo inserire le seguenti istruzioni:

- index,follow;
  - meta name="robots" content="index,follow";
  - indica ai motori di ricerca che accedono alla pagina la possibilità di indicizzarla e con esso diamo il consenso a indicizzare tutte le pagine indicate nei link del contesto;
- index,nofollow;

- meta name="robots" content="index,nofollow";
- consente di indicizzare la pagina, ma neghiamo la possibilità ai motori di seguire i link del contesto;
- noindex,nofollow;
  - meta name="robots" content="noindex,nofollow";
- nega l'indicizzazione della pagina e la possibilità ai motori di seguire i link del contesto;
- noarchive;
  - meta name="robots" content="noarchive";
- consente l'indicizzazione, ma impedisce il salvataggio dei contenuti negli archivi del motore (nella *cache*).

Il meta tag Robots è sicuramente molto importante ma più vitale è la creazione del file "robots.txt" che vedremo più avanti.

Altri Meta Tag

Titolarità dei diritti di proprietà: <META NAME="Copyright" CONTENT="Giorgio Pregnolato">.

Titolarità dello sviluppo della pagina: <META NAME="Author" CONTENT="Giorgio P., giorgio@xxx.it">.

Indicazione della lingua utilizzata: <META http-EQUIV="Content Language" CONTENT="it-IT">. Indica a chi è rivolto il contenuto della pagina:

- global (pubblico per il web);
- local (riservato);
- UI (Internal Use, per uso interno, privato)

<META NAME="Distribution" CONTENT="Global">

Evitate di inserire *meta tag* di reindirizzamento come: <METAHTTPEQUIV="Refresh"CONTENT="4;URL=http://www.NOMESITO.it"> giacché Google lo riconosce come *spam*.

SEGRETO n. 6: ponete particolare attenzione ai *meta tag* "Title" e "Description". Devono essere pertinenti al contesto della pagina. Ricordate di non duplicare i titoli delle pagine, ogni pagina deve avere un titolo e una descrizione diversa.

Il trio TDK

TDK ci fa tornare in mente un marchio di supporti CD/DVD, ma qui vorrei sottolineare le iniziali dei meta tag principali:

- **T** sta per *title*;

- **D** sta per *description*;
- **K** sta per *keywords*.

Se dovessi indicizzare un sito internet in questo momento, userei le stesse parole per "TDK". Esempio:

- <title>Sviluppo siti internet, posizionamento motori ricerca, email marketing</title>;
- <meta name="description" content=" Sviluppo siti internet, posizionamento motori ricerca, email marketing">;
- <meta name="keywords" content=" Sviluppo siti internet, posizionamento motori ricerca, email marketing">.

SEGRETO n. 7: TDK *keyword density* = ottima considerazione motori ricerca. Non essendo umano, lo *spider* considera positivamente quei siti al cui interno c'è la ripetizione della *keyword* cercata dall'utente.

Sitemap per i motori di ricerca

Questo documento indica letteralmente la "Mappa del sito". Al suo interno troviamo, infatti, l'elenco di tutte le pagine che compongono il sito internet, il loro relativo indirizzo (URL – *Uniform Resource Locator* – identifica un percorso univoco per il raggiungimento di una pagina residente su internet).

```
?xml version="1.0" encoding="UTF-8"?>

<urlset xmlns=http://www.sitemaps.org/schemas/sitemap/0.9
xmlns:xsi=http://www.w3.org/2001/XMLSchema-instance
xsi:schemaLocation="http://www.sitemaps.org/schemas/sitemap/0.9
http://www.sitemaps.org/schemas/sitemap/0.9/sitemap.xsd">

<!-- created with Free Online Sitemap Generator www.xml-
sitemaps.com --><url>
 <loc>http://www.dwd.it/Sviluppo-siti-internet/</loc>
  <lastmod>2010-08-04T16:57:03+00:00</lastmod>
<changefreq>weekly</changefreq>
  <priority>0.80</priority>
</url>
</urlset>
```

Sopra, la struttura della *sitemap*. Come avrete notato, si tratta di un *file* .XML. Il *file* segue le linee guida consigliate da Google, ossia «Google accetta *sitemap* in vari formati, ma consiglia di creare le *sitemap* in base al protocollo *sitemap*, poiché lo stesso *file* può essere inviato agli altri motori di ricerca, come MSN e Yahoo!, che sono membri di sitemaps.org.» Fonte:

http://www.google.com/support/webmasters/bin/answer.py?hl=it&answer=183668.

Nella parte principale è indicata la versione xml e il tipo di codifica UTF-8. In seguito vediamo le nozioni sullo schema applicato e chi ha creato il *file*. In questo caso la sitemap è stata creata da un'applicazione gratuita raggiungibile dall'indirizzo: http://www.xml-sitemaps.com/.

Il sito riportato è di semplice utilizzo, basterà indicare quattro parametri tra cui il nome del vostro sito, per ottenere una *sitemap.xml* pronta da spedire ai motori di ricerca. Spieghiamo nel dettaglio i parametri contenuti nel documento.

```
<url><loc>http://www.dwd.it/Sviluppo-siti-internet/</loc>
<lastmod>2010-08-04T16:57:03+00:00</lastmod>
<changefreq>weekly</changefreq>
<priority>0.80</priority></url></urlset>
```

Il *tag* <url> indica al motore di ricerca che all'interno sono contenuti i valori di una pagina web.

Nel *tag* <loc> troviamo lo URL della pagina. Nel *tag* <lastmod>

l'ultima modifica apportata al file con formato W3C Datetime (Linea guida per lo standard internazionale d'interpretazione della data).

Nel *tag* <changefreq> la frequenza di aggiornamento prevista per il *file* può assumere i seguenti valori:

- *always* (modifiche a ogni accesso del *file*);
- *hourly* (a ogni ora);
- *daily* (ogni giorno);
- *weekly* (ogni settimana);
- *monthly* (ogni mese);
- *yearly* (ogni anno);
- *never* (per URL archiviati).

Il *tag* <priority>, *tag* facoltativo, ci consente di indicare ai motori di ricerca il livello di importanza che diamo al *file*: da 0,0 a 1.

Generatori di Site Maps per siti:

- http://www.xml-sitemaps.com/;
- http://www.seoutility.com/it/tools/google/sitemap_generator.aspx;

- http://www.tuttowebmaster.it/strumenti/google_sitemap_generator.php.

Generatori di Site Maps e blog, ecommerce ecc.

- Wordpress;
- Vbulletin;
- PHPbb;
- Drupal;
- OS-Commerce;
- OS-Commerce (altro).

Sitemap per gli utenti

È a tutti gli effetti una pagina *web* costruita in base alle direttive dei motori di ricerca in maniera gerarchica.

Al suo interno troviamo infatti l'elenco di tutte le pagine che compongono il sito internet con relativo indirizzo. La *sitemap* è costruita per semplificare la navigazione tra le pagine del sito web. La struttura della mappa raggiungibile da un *link* all'interno del sito potrebbe essere la seguente:

- *link* categoria
    - *link* sottocategoria

- *link* articolo1
- *link* articolo2.

File Robots.txt

La creazione del *file* robots.txt è di fondamentale importanza poiché conterrà tutte le informazioni riguardanti l'accesso, da parte dei motori di ricerca, a tutte le pagine e le aree del proprio sito.

Esso va posto nella *root* del vostro sito (nella cartella principale).

Esempio file Robots:

- User-agent: googlebot.
  Disallow: /css.
  Disallow: /images.
  Disallow: /include.

- User-agent: scooter.
  Disallow: /css.
  Disallow: /images.
  Disallow: /include.

Tabella nomi spider

Nome Spider	Relativo Motore
GoogleBoot	Google
FAST	FAST – AllTheWeb
Slurp	Inktomi – Yahoo!
Scooter	AltaVista
Mercator	AltaVista
Ask Jeeves	Ask Jeeves
teoma_agent	Teoma
IA_Archiver	Alexa – Internet Archive
Yahoo! Slurp	Yahoo

Strumenti per la creazione del file Robots.txt

- http://www.google.com/webmasters/tools;
- http://www.cached.it/english/make-a-robots-txt.php.

SEGRETO n. 8: inserite sempre nel vostro sito sia la *sitemap* per il motore di ricerca che per gli utenti. Il vostro sito risulterà più accessibile di altri guadagnando posizioni nelle classifiche dei motori.

Backlinks: cosa sono?

I *backlinks* sono collegamenti ipertestuali relativi a un determinato sito presenti al di fuori delle pagine che lo compongono. Google considera i *backlinks* uno dei fattori importanti per il calcolo del *pagerank* (algoritmo sviluppato da Google per determinare il valore di ogni singola pagina web).

Per esempio, se trovassimo nella rete un sito interessante per il servizio gratuito offerto o per i suoi contenuti, saremmo incentivati a indicarlo in un articolo del nostro *blog*. Vediamo quindi come Google interpreti "umanamente" il *backlink.* Se qualcuno ha pensato di creare sul proprio sito un collegamento a un altro sito, significa che quest'ultimo ha ricevuto un "punto" d'interesse. I *backlinks* possono assumere però valutazioni differenti in base al contesto in cui appaiono.

Supponiamo che il nostro sito tratti informatica. Se i *backlinks* derivano da siti che trattano lo stesso argomento, acquisiranno un valore alto. Se invece i *backlinks* sono presenti su siti che non hanno attinenza con gli argomenti trattati nel nostro, assumeranno un valore molto più basso.

Come ricevere backlinks: scambio link

L'esperienza acquisita insegna che eseguire lo scambio di *link* non apporta buoni risultati. Se possedete un *blog* o un sito personale, vi consigliamo di contattare direttamente altri *bloggers* (coloro che hanno creato o curano un *blog*) per accordarvi sullo scambio *link* facendo attenzione all'attinenza degli argomenti trattati: se il vostro *blog* tratta tecnologia, non fate uno scambio link con chi tratta cucina! Consultate mensilmente i siti con cui avete avuto lo scambio, potrebbe interessarvi sapere che il sito sta cambiando linea di argomenti.

SEGRETO n. 9: scambiate i vostri *link* con siti che trattano argomenti strettamente pertinenti a ciò di cui vi occupate sul vostro sito.

Social Network

Altri canali per ottenere *link* di ritorno sono i *social network* (rete sociale - siti dove condividere informazioni personali). I più famosi: Facebook, Twitter, MySpace, Badoo. È possibile iscriversi all'interno di questi grandi siti e commentare le notizie del vostro *blog*/sito invitando gli amici a consultarli. Da non sottovalutare gli strumenti messi a disposizione dagli stessi per implementare una porzione di codice all'interno del vostro sito che semplifichi la condivisione dei contenuti con la rete sociale.

Vi sarà sicuramente capitato di vedere su qualche sito, al termine di un articolo, il dito alzato di Facebook. Se un visitatore esegue un *click* per valutare positivamente quel contenuto, sul suo profilo apparirà subito il *link* all'articolo, dove tutti gli amici potranno vedere che gli è piaciuto l'argomento, e di conseguenza seguire il consiglio di visitarlo.

Strumenti di condivisione dei social network

Facebook:

- http://www.facebook.com/share/(condividi);
- http://developers.facebook.com/docs/reference/plugins/like(mi piace).

Twitter:
http://twitter.com/goodies/tweetbutton.

Globali:

- http://sharethis.com/;

- http://www.addtoany.com/;
- http://www.addthis.com/;
- http://wordpress.org/extend/plugins/sociable/;
- http://wordpress.org/extend/plugins/sociofluid/;
- http://www.milienzo.com/wordpress-plugins/i-love-social-bookmarking/.

SEGRETO n. 10: i *social network* sono un ottimo strumento di comunicazione e non solo d'informazione. Permettono di acquisire informazioni fondamentali fornite dagli utenti e contribuiscono a un forte aumento delle visite al sito web.

Iscrizione Web Directory

Per generare traffico sul vostro sito o farlo conoscere meglio, è possibile sfruttare le *web directories*. L'iscrizione a una *directory* prevede l'inserimento dei dati del proprietario del sito, una *mail* e l'associazione del sito a una categoria. Non voglio indicarvi una lista di *directories* perché sono facilmente reperibili sul *web* scrivendo appunto "lista directory" come chiave di ricerca in uno qualsiasi dei motori di ricerca. Altro motivo per cui non le indico, è che non vorrei incappare in errori non voluti, proponendo magari una *directory* senza scambio *link* che invece ha deciso all'ultimo istante di richiederlo.

I cambiamenti sono talmente repentini che si rischia di proporre un sito per un altro. Voglio invece consigliarvi di iscrivervi alla *directory* più importante: http://www.dmoz.org/World/Italiano/. Scegli una categoria e subito apparirà il link in alto a destra "Suggerisci URL".

RIEPILOGO GIORNO 2:

- SEGRETO n. 6: ponete particolare attenzione ai *meta tag* “Title” e “Description”. Devono essere pertinenti al contesto della pagina. Ricordate di non duplicare i titoli delle pagine, ogni pagina deve avere un titolo e una descrizione diversa.
- SEGRETO n. 7: ponete particolare attenzione ai *meta tag* “Title” e “Description”. Siate pertinenti al contesto della pagina. Ricordate di non duplicare i titoli delle pagine, ogni pagina deve avere un titolo e una descrizione diversa.
- SEGRETO n. 8: inserite sempre nel vostro sito sia la *sitemap* per il motore di ricerca che per gli utenti. Il vostro sito risulterà più accessibile di altri guadagnando posizioni nelle classifiche dei motori.
- SEGRETO n. 9: scambiate i vostri *link* con siti che trattano argomenti strettamente pertinenti a ciò di cui vi occupate sul vostro sito.
- SEGRETO n. 10: i *social network* sono un ottimo strumento di comunicazione e non solo d’informazione. Permettono di acquisire informazioni fondamentali fornite dagli utenti e contribuiscono a un forte aumento delle visite al sito web.

GIORNO 3:
Come sfruttare al meglio gli strumenti gratuiti

Account Google

Google mette a disposizione strumenti indispensabili per organizzare e gestire il nostro progetto web. Per poter usufruire di tali applicazioni, è necessario creare un "Account Google" all'indirizzo: https://www.google.com/accounts.

Dopo aver inserito i dati richiesti, possiamo accedervi dalla famosa pagina principale del motore di ricerca. Digitando sul nostro browser l'indirizzo http://www.google.it attendiamo l'apertura della pagina, muoviamo il *mouse* e vedremo apparire alcuni *links* in alto a destra tra cui "Accedi".

SEGRETO n. 11: google mette a disposizione strumenti gratuiti professionali di fondamentale importanza per il raggiungimento del vostro obiettivo.

Nella finestra successiva inseriremo lo *username* e la *password* scelta. Ad accesso effettuato vedremo comparire in alto a destra la *mail* scelta come *username*, a fianco un *link* contenente a sua volta il collegamento "impostazioni *account* Google". In quest'area troverete tutti gli strumenti che potete utilizzare e cliccando sulla scritta in basso a sinistra "Altro", ne vedrete delle belle.

Strumenti per webmaster

Gli Strumenti per *webmaster* di Google non sono però attivi all'interno del nostro *account*, ed è quindi necessario andare all'indirizzo: https://www.google.com/accounts/ServiceLogin digitate ancora una volta la *password* e finalmente avrete accesso alle applicazioni.

Nella colonna di sinistra è sempre presente l'aiuto offerto da Google attraverso *links* dai contenuti esaurienti. La colonna centrale propone al momento solo un tasto che vi invita a "Aggiungere un sito", scriviamo l'indirizzo completo di http:// e premiamolo. A questo punto occorre verificare la proprietà del sito inserito. Di norma preferisco scegliere la seconda opzione: “Aggiungi un *metatag* alla home page del tuo sito”.

Seguite le istruzioni per inserire il *metatag* all’interno della vostra *home page*, caricate il file via FTP e cliccate il pulsante “Verifica” a fondo pagina. Ora siamo pronti a utilizzare gli strumenti che possono essere raggiunti facilmente grazie al collegamento automaticamente creato nelle vostre “impostazioni account Google”.

Compiuta la verifica del sito, possiamo entrare nella *Dashboard* (nel caso – una visione panoramica degli strumenti a disposizione) relativa.

In questa pagina sono visualizzati diversi pannelli come:

- *query* di ricerca;

- *link* che rimandano al tuo sito;
- errori di scansione;
- parole chiave;
- *sitemap*.

Nella parte sinistra è presente il menu, dove possiamo scegliere tra:

- configurazione del sito;
- il tuo sito sul Web;
- diagnostica;
- funzioni sperimentali.

Passerò ora a illustrarvi nel dettaglio cosa possiamo visualizzare all'interno di ognuno dei menu descritti.

Configurazione del sito: sitemap

In questa sezione possiamo inviare la *sitemap* creata come illustrato in precedenza nel giorno 1.

Configurazione del sito: accesso crawler

È possibile che alcune aree del vostro sito non debbano essere considerate dal motore di ricerca. Tali istruzioni possono essere passate allo *spider* per mezzo del *file* robots.txt. “Accesso Crawler” si suddivide in tre aree:

1) analizza robots.txt, da cui è possibile inviare il *file* contenente le istruzioni oppure visualizzare se il *file* è stato accolto correttamente;
2) genera il *file* robots.txt, strumento che consente la creazione del *file*;
3) rimuovi URL, strumento per la rimozione del *file* caricato in precedenza.

Configurazione del sito: sitelink

È un automatismo utilizzato da Google per creare *link* ad aree contenute in alcuni siti visualizzati direttamente nelle pagine di ricerca.

Libero
Libero.it: Community, Search, Mail, News, Video, Adsl & Internet.
www.libero.it/ - Copia cache - Simili
Mail Oroscopo
Community Donna
Chat Gossip
Video TuttoCittà
Sitelink
Altri risultati in libero.it »

Configurazione del sito: cambio indirizzo

Nel caso in cui avessimo spostato il nostro sito su un nuovo dominio, possiamo usufruire delle indicazioni contenute in quest'area.

Configurazione del sito: impostazioni

Scegliamo la destinazione geografica, la visualizzazione del URL del dominio, la velocità di scansione e la gestione dei parametri. Per quest'ultima voce, vale la pena di chiarire il concetto. Se abbiamo un sito con contenuti dinamici, potremmo avere diversi URL che riportano allo stesso contenuto.

Un esempio potrebbe essere un URL contenente un ID di sessione: http://www.NOMESITO.it/contatti/PHPSESSID=12349378.

Il *link* in questione riporta sempre all'indirizzo esemplificativo http://www.NOMESITO.it/contatti/ creando conseguentemente un contenuto duplicato. Vi ricordo che è bene rimuovere i contenuti duplicati per non rischiare penalizzazioni da parte di Google. Tuttavia rimando al paragrafo *Pagine canoniche* per una migliore spiegazione.

Il tuo sito web: *query* di ricerca

Corrisponde a una tabella che illustra tutte le chiavi di ricerca che hanno prodotto la visualizzazione del nostro sito nella pagina di ricerca. Noteremo, infatti, quanto più alto sia il valore delle impressioni rispetto al numero dei *click*. Ci viene anche proposta la posizione media del sito definita in numero di posizione (e non di pagina) relativa alla chiave di ricerca.

Tralasciamo il dato CTR *Click Throught Rate* atto a misurare il successo di una campagna pubblicitaria *on line*. Molto interessanti anche i filtri di visualizzazione che permettono di definire l'area geografica e la tipologia degli strumenti utilizzati per raggiungere il sito (esempio telefoni cellulari).

Il tuo sito web: link che rimandano al tuo sito

Se qualcuno avesse trovato interessante gli argomenti del vostro sito e ne avesse indicato il *link* all'interno di altri siti, ne sareste subito a conoscenza in questa sezione. Argomento approfondito nel paragrafo *Backlinks*.

Il tuo sito web: parole chiave

Lista delle parole chiave più comuni rilevate nel sito.

Il tuo sito web: link interni

Lista dei *link* presenti all'interno del vostro sito che richiamano altre pagine dello stesso.

Diagnostica: malware

Google segnala se sono stati rilevati virus all'interno del sito.

Diagnostica: errori di scansione

È molto importante capire se sono stati riscontrati problemi nel sito. Questa è la sezione giusta, da tenere sotto controllo ogni qualvolta siano fatte importanti modifiche al sito.

SEGRETO n. 12: controllate se nel vostro sito sono presenti errori di scansione da parte del motore di ricerca ogni volta che effettuate una modifica.

Diagnostica: statistiche scansione

Anche queste statistiche riflettono la qualità del nostro progetto.

Particolare attenzione deve essere posta a: *Tempo trascorso per il download di una pagina (in millisecondi).* Con l'avvento di Google Caffeine (nuova tecnologia utilizzata da Google per indicizzare i contenuti), la velocità di caricamento delle pagine di un sito è diventata parametro di valutazione fondamentale. Nel prossimo capitolo parleremo di Google Caffeine e la velocità di caricamento.

Suggerimenti HTML

Dopo aver eseguito la scansione del sito, Google lo confronta con le regole imposte e stila dei suggerimenti per migliorare l'accessibilità e l'indicizzazione del sito come ad esempio:

- meta descrizioni duplicate;
- meta descrizioni lunghe;
- meta descrizioni brevi;
- *tag title* mancanti;
- *tag title* duplicati;
- *tag title* lunghi;
- *tag title* brevi;
- *tag title* non informativi;
- contenuti non indicizzabili.

Funzioni sperimentali: visualizza come Googlebot

Inserendo la pagina da analizzare, potremo vedere come viene recepita dallo *spider* di Google per cogliere eventuali incongruenze da correggere.

Funzioni sperimentali: Sidewiki

Consente la partecipazione agli utenti per implementare commenti sul sito.

Funzioni sperimentali: prestazioni del sito

Offre una panoramica delle prestazioni e consigli su come risolvere la lentezza del caricamento delle pagine.

SEGRETO n. 13: gli strumenti per *webmaster* gratuiti offerti da Google sono fondamentali per l'ottimizzazione del sito. Cercate di sfruttarli al meglio tutti in egual modo, considerando che sono strumenti molto professionali.

Google Caffeine

Il più famoso motore di ricerca oggi è ancora più veloce e preciso con un po' di caffeina...

Google Caffeine = nuovo sistema d'indicizzazione. Da qualche tempo Google ha iniziato ad applicare il suo, peraltro già famoso, sistema d'indicizzazione dei contenuti web. Noteremo, infatti, qualche cambiamento tra le ricerche che di solito eseguiamo; magari non vedremo più apparire gli stessi risultati nella lista, bensì nuove e migliori proposte più fresche, più aggiornate nei contenuti.

Google Caffeine, progetto partito nei primi mesi del 2010, si propone di migliorare le ricerche riuscendo a considerare contenuti di pagine web che prima erano penalizzate da vari parametri. Google Caffeine sta al passo con l'evoluzione del web, considerando quindi contenuti come video, *news* e aggiornamenti in tempo reale. Il sistema cataloga tutte le informazioni e ci propone una ricerca più veloce e precisa di ciò che realmente ci interessa. Uno sconvolgimento soprattutto per chi vedrà cadere dalla classifica le proprie pagine aiutate magari dall'anzianità del nome a dominio e non certo dall'aggiornamento costante dei contenuti.

Centinaia di migliaia di pagine scandagliate ogni secondo, per un totale di 100 milioni di *gigabyte*, catalogate e sempre aggiornate è il risultato di questo nuovo sistema. Questo enorme cambiamento fa piacere, ma il *pagerank* (Algoritmo di analisi sviluppato da Google per la valutazione di ogni singola pagina) di Google rimarrà tale?

Velocità parametro fondamentale

Sembra che con Google Caffeine la velocità di caricamento delle singole pagine sarà considerata tra i parametri fondamentali per calcolare il valore del documento *web*. Facciamo attenzione allora a quanto sopra descritto, controlliamo attentamente le prestazioni delle nostre singole pagine e cerchiamo di velocizzarne il caricamento.

Come velocizzare il caricamento delle pagine

Velocizzare il caricamento delle pagine *web* è possibile. Esistono delle applicazioni che ci consentono di comprimere i *file*, addirittura del 300%. Alcuni progetti inglobano al loro interno dei *file* esterni. Se il progetto utilizza JQuery per funzionalità grafiche, rallenteremo il caricamento della pagina di qualche secondo considerando che la dimensione del file è di circa 120

Kb. Sicuramente nella pagina c'è un collegamento a un *file* di *style* .CSS di qualche Kb, magari 40 e ancora *plug in* JQuery. Ci accorgeremo a quel punto che l'utilizzo di queste librerie ha appesantito molto il caricamento del documento, a volte del 200%.

A voi la scelta

Non credo si debbano eliminare del tutto questi tipi d'integrazione ma, oltre a fare più attenzione a quanto implementiamo, dobbiamo cercare di comprimere il tutto. Esistono delle applicazioni che ci vengono in aiuto come:

Compressione file css

http://www.cssdrive.com/index.php/main/csscompressoradvanced

Compressione file js

- http://developer.yahoo.com/yui/compressor/;
- http://github.com/rgrove/jsmin-php/blob/master/jsmin.php;
- http://groups.google.com/group/prototype-core/;
- http://dean.edwards.name/packer/.

SEGRETO n. 14: comprimete al massimo il codice delle vostre pagine e dei *file* necessari alla corretta visualizzazione (CSS e JS) per aumentare la velocità di caricamento.

Le parole chiave

La scelta delle parole chiave è fondamentale per una buona indicizzazione. Se vi trovate a dover scrivere un articolo per il vostro *blog*, o delle *news* per il sito internet della vostra attività, è necessario pensare a quale titolo assegnare al contenuto che state pubblicando.

Scriviamo subito il contenuto e lasciamo alla fine la scelta del titolo. L'intestazione dell'articolo diventerà, il più delle volte, anche quella della pagina indicizzata. Il titolo da applicare a un articolo, sebbene la sua invenzione possa essere quasi banale, merita un importante approfondimento. Qualunque sia il contenuto che ci accingiamo a scrivere dovrà essere interessante per gli utenti che lo leggeranno.

Come scegliere le parole chiave

La scelta delle parole chiave deve essere portata a termine dopo un'attenta analisi statistica. È fondamentale capire cosa cercano gli utenti, quali sono le parole chiave utilizzate per le loro ricerche per ogni settore.

Esempio:

Per farvi capire con esattezza ciò che intendiamo con «un'attenta analisi statistica», immaginiamo di gestire un'attività che tratti la vendita di prodotti tecnologici, tra i quali telefonini. Senza utilizzare le statistiche, potremmo pensare che il titolo della pagina atta a pubblicizzare i nostri prodotti possa essere: *Telefoni cellulari.*

Il titolo della pagina è senz'altro pertinente al contesto, non è troppo lungo e indica con esattezza ciò che l'utente troverà nel sito web. La statistica però ci è sfavorevole.

Strumenti di statistica

Grazie agli strumenti che Google ci mette a disposizione, possiamo notare come sarebbe stato migliore il titolo da scegliere.

Google Analytics

Se utilizzate Google Analytics (definito d'ora in avanti anche G.A.) come strumento di analisi delle statistiche di ricerca del vostro sito, potete consultare quante e quali pagine sono state viste. G.A. ci offre inoltre uno strumento per intuire come migliorare i contenuti della nostra pagina e la frequenza di rimbalzo. Controllando le parole chiave grazie alle quali una pagina del vostro sito è stata raggiunta, potrete capire qual è la tendenza nella ricerca e comportarvi di conseguenza, ossia applicando al titolo della pagina la chiave di ricerca.

Google Statistiche di Ricerca

Dal sito *Google Statistiche di Ricerca* (figura 1) http://www.google.com/insights/search/# possiamo scoprire le tendenze di ricerca nel mondo, confrontare modelli di volumi di ricerca per aree geografiche, categorie, intervalli di tempo.

Scrivendo all'interno del campo "Termini di ricerca" il titolo scelto in precedenza "Telefoni cellulari" con filtro geografico Italia e anno 2010, noteremo che i termini di ricerca più frequentemente utilizzati (e a oggi in crescita del +60%) sono:

- telefoni cellulari Nokia;
- telefoni *touch screen*;
- telefoni *dual sim*.

Con questi presupposti è facile intuire che il nostro titolo potrebbe essere proprio "Telefoni *touch screen*" o "Telefoni *dual sim*" vista la tendenza in forte aumento.

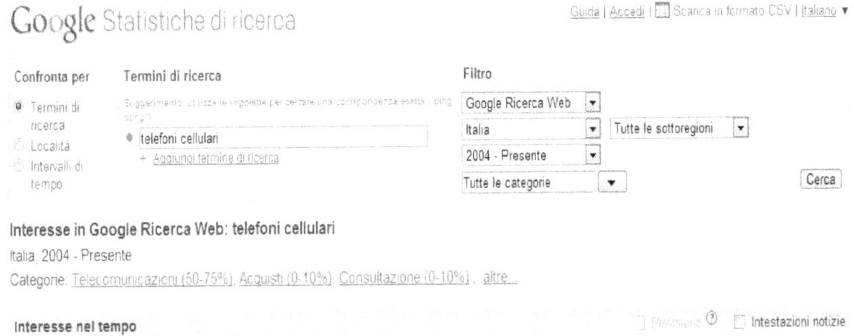

Google Zeitgeist

Vi segnalo anche questo strumento: Google Zeitgeist. L'applicazione esamina miliardi di *query* digitate dagli utenti di tutto il mondo e suggerisce le più ricercate per ogni Stato. Lo strumento è quindi in grado di fornire un'idea sul *target* di utenti cui potreste rivolgere il vostro/i prodotto/i.

Google AdWords (parole chiave)

Ecco un altro strumento fornito da Google che ci viene in aiuto: Google AdWords.

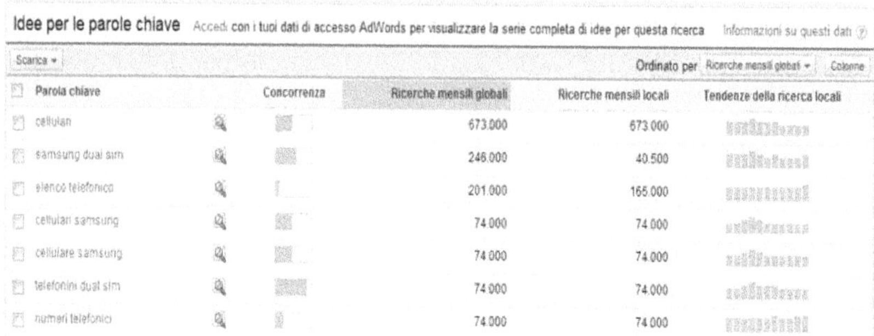

Idee per le parole chiave — Accedi con i tuoi dati di accesso AdWords per visualizzare la serie completa di idee per questa ricerca — Informazioni su questi dati

Scarica — Ordinato per Ricerche mensili globali — Colonne

Parola chiave	Concorrenza	Ricerche mensili globali	Ricerche mensili locali	Tendenze della ricerca locali
cellulari		673.000	673.000	
samsung dual sim		246.000	40.500	
elenco telefonico		201.000	165.000	
cellulari samsung		74.000	74.000	
cellulare samsung		74.000	74.000	
telefonini dual sim		74.000	74.000	
numeri telefonici		74.000	74.000	

Con questo strumento, oltre a chiarirci le idee su quale sia il volume di ricerca mensile di una parola, riusciamo a capire anche quale sia il livello di concorrenza delle *keywords*.

SEGRETO n. 15: create le *keywords* dopo un'attenta analisi statistica pensando alle necessità degli utenti che operano le ricerche.

RIEPILOGO GIORNO 3:

- SEGRETO n. 11: Google mette a disposizione strumenti gratuiti professionali di fondamentale importanza per il raggiungimento del vostro obiettivo.
- SEGRETO n. 12: controllate se nel vostro sito sono presenti errori di scansione da parte del motore di ricerca ogni volta che effettuate una modifica.
- SEGRETO n. 13: gli strumenti per *webmaster* gratuiti offerti da Google sono fondamentali per l'ottimizzazione del sito. Cercate di sfruttarli al meglio tutti in egual modo, considerando che sono strumenti molto professionali.
- SEGRETO n. 14: comprimete al massimo il codice delle vostre pagine e dei *file* necessari alla corretta visualizzazione (CSS e JS) per aumentare la velocità di caricamento.
- SEGRETO n. 15: create le *keywords* dopo un'attenta analisi statistica pensando alle necessità degli utenti che eseguono le ricerche.

GIORNO 4:
Keywords e strumenti di valutazione vincenti

Tipi di parole chiave

Le *keywords* si suddividono in *keywords long tail* e *keywords short tail.*

Le *long tail keywords* sono un insieme di parole atte a formare una frase (una frase a coda lunga). Queste *keywords* vengono indicizzate molto bene poiché riescono a corrispondere con esattezza alla frase scritta dagli utenti dei motori di ricerca.

Tuttavia, essendo "frase", riusciranno ad attirare l'attenzione di un numero circoscritto di utenti, ma targhetizzato (rivolgersi a una fascia di utenti ristretta cui interessi l'offerta).

Per questo motivo sono parole chiave che hanno un elevato tasso di conversione, ossia la percentuale di utenti che, raggiunto il sito, compie una determinata azione, come ad esempio un acquisto.

Bassa concorrenza. Esempio: i migliori telefoni cellulari *touch screen.*

Le *short tail keywords* sono solitamente composte da una o due parole, riescono a convogliare un grande traffico rappresentando una fascia generalizzata, ma con basso tasso di conversione. Alta concorrenza. Es.: telefoni cellulari.

Parole chiave per punti salienti

Dovendo pubblicizzare la vostra attività attraverso il sito, vi troverete a riflettere su come poter superare in classifica i vostri concorrenti. Ovviamente, come in tutti i settori, l'azienda si troverà a considerare quali siano i propri punti di forza per sviluppare interesse nell'utenza internet. Esempio: una società che tratta stampa di volantini, biglietti da visita e altro, potrebbe puntare sulla velocità nell'eseguire determinati lavori, oppure sull'economicità di un'offerta come: 500 biglietti da visita € 5,00 – consegna in sole dieci ore.

Lo scopo è di emergere dalla massa inglobando i nostri punti di forza nelle parole chiave, in questo caso la velocità nell'effettuare il servizio. Puntare sulla velocità, sul prezzo, sulla qualità del prodotto, sull'esperienza aziendale o sulle referenze.

Titoli come domande

Da non sottovalutare l'aspetto del "come" gli utenti eseguono le loro ricerche. Se m'interessa acquistare una maglietta polo, la chiave di ricerca sarà appunto: «Maglia polo, marca tal dei tali». Se fossi invece interessato alla risoluzione di un problema casalingo legato all'aggiornamento della TV o del digitale terrestre, scriverei: «Come aggiornare il digitale terrestre?» oppure, per soddisfare una curiosità: «Come si chiamava il primo governatore iraniano?»

Vi sarete accorti a quel punto che, alcuni dei siti proposti nella prima pagina dei risultati, indicano come titolo l'esatta domanda che ci siamo posti. Conseguentemente, trovare la stessa domanda, ci fa pensare di aver raggiunto sicuramente la risposta giusta per risolvere il nostro problema o soddisfare il nostro interesse.

Un titolo sviluppato come se fosse la domanda che l'utente si è posto, si pone o si porrà, aiuta a collocare il nostro articolo (e quindi la pagina) nella fascia di *target* di chi scrive esattamente la domanda.

SEGRETO n. 16: create le *keywords* dopo un'attenta analisi statistica pensando alle necessità degli utenti che compiono le ricerche.

Le FAQ (Frequently Asked Question)

Sono "domande poste di frequente". Le FAQ sono solitamente sviluppate all'interno di una o più pagine con una semplice struttura simile a questa:

Esempio sito prenotazione turistica:
Domanda: «Ci sono differenti modi per eseguire il pagamento?»
Risposta: «Certo, disponiamo di tre tipi di pagamento: bonifico bancario, carta di credito e vaglia postale». Creare la sezione FAQ all'interno di un sito è sicuramente un lato positivo per la considerazione da parte dei motori di ricerca. La loro presenza denota attenzione per il pubblico, gli utenti avranno più accessibilità, facilità di navigazione e risposte utili pronte da leggere; il vostro sito sarà più trasparente degli altri. Inoltre come

descritto in precedenza, all'interno delle nostre pagine gli utenti potrebbero trovare ciò che stavano cercando usando la "domanda" come chiave di ricerca.

SEGRETO n. 17: create una sezione dedicata alle FAQ (*Frequently Asked Question* – domande frequenti). Riuscirete a rispondere in maniera rapida alle domande comunemente poste dagli utenti.

Sondaggi, feedback, assistenza pre-vendita

La creazione di un sito internet deve, a mio avviso, comprendere strumenti di comunicazione che consentano una diretta interazione con gli utenti, al fine di trarre informazioni riguardanti il loro grado di soddisfazione. Immaginiamo per un attimo di avere un sito *ecommerce* attivo. Attraverso gli strumenti gratuiti di Google, ci accorgiamo che il sito ha un gran numero di visite ma, non riesce a ottenere le tanto sperate vendite. Come possiamo capire quale sia il motivo?

In questo caso, si potrebbe rivedere il codice del sito per capire se qualcosa che non va, magari sulla gestione del carrello, oppure potremmo ritoccare alcuni prezzi abbassandoli. Insomma, chiunque farebbe il possibile per capire cosa impedisce agli utenti di diventare clienti effettuando un acquisto. La soluzione al problema è spesso più semplice di quanto crediamo.

Immaginiamo, ancora una volta, cosa potremmo fare se il nostro *ecommerce* fosse un vero negozio; il commesso si avvicinerebbe al cliente e vedendolo perplesso, offrirebbe il suo aiuto per la scelta di un prodotto oppure, più semplicemente, per capire quale articolo potrebbe soddisfare le sue esigenze.

Di frequente, dopo l'acquisto, viene proposta la compilazione di un questionario di gradimento per il servizio offerto dallo *staff*. Chiedere, chiedere, chiedere. Le informazioni recepite dai clienti, aiuteranno a migliorare il vostro *ecommerce*, *blog* o portale.

Sondaggi

Quante volte abbiamo votato un'opzione di un sondaggio? Perché l'abbiamo fatto? Poniamo ad esempio di trovarci all'interno di un sito internet che tratti l'argomento telefonia mobile. Un sondaggio ci chiede: «Che cosa vorresti aggiungere al nostro sito?: 1) *download software* gratuito; 2) articoli e test sui nuovi telefonini». Rispondere è un'azione veloce e potremmo trovare soddisfatta, in futuro, la scelta che abbiamo fatto. D'altro canto, il gestore del sito, soddisferà con piacere le richieste degli utenti poiché ha saputo con esattezza gli interessi degli stessi. La soddisfazione dei visitatori instaura la fidelizzazione e un allargamento del bacino di utenza per altri cui potrebbe interessare l'argomento che si è scelto di approfondire.

Feedback (valutazione degli utenti)

Navigando su internet, potremmo decidere di compiere un acquisto di un prodotto o servizio. Ci accorgiamo che lo stesso articolo è presente su una moltitudine di siti a prezzi molto simili. Tuttavia la nostra scelta dovrà ricadere su uno solo di questi *ecommerce*. Vi siete mai chiesti come scatti la decisione di acquistare dall'uno piuttosto che dall'altro? Spesso la scelta cade su chi riesce a conferire fiducia al consumatore offrendo un incredibile servizio d'informazione: i *feedback*.

Il *feedback* è un'opinione richiesta dal sito internet, che consente di carpire il grado di soddisfazione del consumatore riguardo all'acquisto effettuato e ai servizi correlati. Tale informazione sarà poi pubblicata sul sito in un'apposita sezione e sull'articolo stesso. Se un ipotetico cliente si trovava in una condizione d'incertezza sull'acquisto di un prodotto, leggendo un'opinione positiva (*feedback* positivo), acquisirà fiducia e propensione all'acquisto.

La possibilità di leggere le opinioni degli utenti di qualsiasi prodotto o servizio, è uno strumento molto potente in grado di persuadere gli utenti a completare la spesa. Considerate infine gli innumerevoli utilizzi del *feedback*, potreste applicarlo anche per:

- valutazione tempi di consegna;
- valutazione servizio assistenza;
- valutazione imballaggio.

Strumento feedback

Su internet sono disponibili degli ottimi progetti *open-source* utilizzabili gratuitamente, anche per uso commerciale, che implementano questi strumenti di valutazione come:

- www.oscommerce.com;
- it.wordpress.com.

Gli *open-source* sopra elencati implementano lo strumento di valutazione o prevedono l'installazione di un modulo.

Assistenza pre-vendita

La sostanziale differenza tra una sede fisica e un negozio virtuale è il contatto umano. All'interno di un *ecommerce*, l'utente si trova a dover scegliere un prodotto/servizio da un'enorme lista composta di foto e descrizioni. E se volessi sapere qualcosa in più rispetto a tutto ciò che ho già letto? Se qualcosa non mi fosse chiaro riguardo all'acquisto che mi appresto a fare? Il numero di telefono dell'assistenza è sempre presente, a volte si tratta di un numero verde, a volte è addirittura un numero a pagamento. Esiste uno strumento che consente all'utente di interloquire con l'azienda venditrice in maniera veloce e completamente gratuita. Si tratta della *live chat*.

La *live chat* consente di capire innanzitutto se dall'altra parte c'è un operatore pronto a rispondere alle richieste degli internauti mediante una funzionalità grafica e testuale (simbolo verde operatore disponibile – rosso operatore non in linea), elimina eventuali attese o barriere dell'imbarazzo telefonico, consente di inviare *file* o trasformare una *chat* testuale in *chat* vocale. Anche questo a mio avviso è uno strumento che dovrebbe essere presente in ogni sito internet aziendale perché riesce a colmare, almeno in parte, il divario tra negozio fisico e virtuale.

Live chat gratuite:

- www.livezilla.net/;
- www.comm100/livechat/;
- http://www.volusion.com/live-chat/software/.

SEGRETO n. 18: sviluppate strumenti che riescano a trarre informazioni dai vostri clienti e instaurare un contatto umano più ravvicinato come sondaggi, *feedback* e *live chat*.

Motore di ricerca interno

Nel sito non deve assolutamente mancare. Il motore di ricerca interno, oltre a essere uno strumento utile per utenti che non riescono a trovare subito un articolo o un argomento, è un indispensabile strumento d'informazione. Agganciando lo strumento di statistica al motore di ricerca, sarete in grado di visualizzare le chiavi di ricerca utilizzate dagli utenti sul vostro sito. Pensate all'esempio in cui una chiave di ricerca riguardante il nome di un prodotto, non presente nel vostro *ecommerce*, appaia 500 volte tra le statistiche del motore interno. Quale miglior informazione? Ovviamente dovrete essere in grado di offrire quell'articolo in tempi brevi e pianificare subito una campagna di *web marketing* informando velocemente gli utenti iscritti alla vostra *mailing list*.

Persuasive Copywriting

Letteralmente "Scrittura Persuasiva", a mio avviso l'arte di convincere l'utente visitatore a compiere una determinata azione. Sicuramente non è facile prendere penna e scrivere un argomento così interessante e convincente da indurre il lettore ad acquistare un prodotto. I rischi sono molti.

Quando si applica questa tecnica di scrittura, si tende a enfatizzare la qualità del bene, la felicità che potrebbe darci nel prossimo futuro. Ricordate i fatidici occhialini a raggi x che promettevano di vedere oltre gli indumenti?

Essendo il prezzo accessibile e la curiosità portata alle stelle dal contenuto della loro pubblicità, furono venduti facilmente anche se, verificata la burla, nessuno più li comprò. Il *persuasive copywriting* rimane un ottimo strumento di comunicazione e vendita, ciò nonostante deve essere supportato dalle qualità del prodotto che si pubblicizza onde incappare in un turbine di sfiducia da parte degli utenti.

Se riuscite a scrivere un contenuto dove illustrate le caratteristiche positive del vostro prodotto e riuscite a risolvere velocemente tutti i dubbi che potrebbero trattenere l'utente dall'acquisto, avete ottemperato le regole della comunicazione persuasiva.

Call to Action

Parte indispensabile e integrante del *persuasive copywriting* è la *call to action*. Queste tecniche sono presenti all'interno delle pagine web sottoforma di pulsanti o *banner* che invitano l'utente a compiere un'azione. È possibile ad esempio invitare l'utente a iscriversi alla *newsletter* offrendo un *ebook* in omaggio. Il fine è di ricevere un indirizzo email valido che concorre ad alimentare la nostra *list building* (creazione liste d'indirizzi email da utilizzare in futuro per offerte promozionali o semplice pubblicità).

RIEPILOGO GIORNO 4:

- SEGRETO n. 16: create le *keywords* dopo un'attenta analisi statistica pensando alle necessità degli utenti che compiono le ricerche.
- SEGRETO n. 17: create una sezione dedicata alle FAQ (*Frequently Asked Question* – domande frequenti). Riuscirete a rispondere in maniera rapida alle domande comunemente poste dagli utenti.
- SEGRETO n. 18: sviluppate strumenti che riescano a trarre informazioni dai vostri clienti e instaurare un contatto umano più ravvicinato come sondaggi, *feedback* e *live chat*.

GIORNO 5:
Come realizzare URL "amichevoli"

Quando si parla di *Friendly* URL, dobbiamo sempre tenere in considerazione l'ambito SEO. Uno degli elementi di analisi della pagina è proprio il suo indirizzo all'interno del *web*. Facciamo un passo indietro per capire cosa ci dovrebbe spingere a utilizzare tecniche simili.

Alla fine degli anni '90, la creazione di un sito internet avveniva nella maniera più classica, utilizzando il codice HTML. Se il sito era composto da dieci pagine, si costruivano esattamente dieci documenti con titoli e contenuti diversi come ad esempio:

Nome File	Titolo File
Index.html	Home Page
Index1.html	Chi Siamo
Index2.html	Dove Siamo
Index3.html	Contattaci

Oggi, fortunatamente, i linguaggi di programmazione e *scripting*, ci vengono in aiuto consentendoci di creare contenuti dinamici. Per "contenuto dinamico" non s'intende grafica in movimento, bensì pagine che implementano automaticamente i contenuti in base a una specifica richiesta.

Visitando alcuni siti, possiamo notare come questi presentino dei collegamenti quasi illeggibili. Il *link* sembra creato in un linguaggio inconcepibile come per esempio: http://www.NOMESITO.it/index.php?id=144&cat=13&scat=44. Questo tipo di collegamento indica che il sito è stato costruito con il linguaggio di programmazione PHP. Nella stringa possiamo riconoscere il nome del dominio (http://www.NOMESITO.it/) e il file cui è indirizzata la richiesta (index.php).

Il rimanente testo è utilizzato per passare al file "index.php" le variabili necessarie per restituire il contenuto desiderato. Nell'esempio, sono passate tre variabili con i relativi valori:

- Id=144 indice univoco eventuale prodotto;
- Cat=13 numero categoria;
- Scat=44 numero sottocategoria.

Le variabili sono interpretate dal *file* che a sua volta esegue una richiesta al *database*, dove sono allocati i dati, il quale restituirà l'esatto contenuto. Com'è facile intuire, il contenuto cambierà in base al valore delle variabili passate, ma il *file* rimane sempre lo stesso.

Come noi "umani", anche i motori di ricerca preferirebbero incontrare collegamenti più semplici e interpretabili, ossia *Friendly* URL. Esistono alcune tecniche di *mod_rewrite* (Modulo del *web server* Apache che consente la riscrittura e il reindirizzamento di un *link*) che consentono di riscrivere lo URL nella forma che desideriamo.

Lo URL:
http://www.NOMESITO.it/index.php?id=144&cat=13&scat=44
potrebbe assumere il seguente aspetto:
http://www. NOMESITO.it/scarpe-donna/sportive/shox-rivarly
oppure
http://www.NOMESITO.it/scarpe-donna/sportive/shox-rivarly.html.

Utilizzando queste tecniche riusciremo a spuntare più di qualche posizione nelle classiche dei motori, ma vediamo come applicarle.

SEGRETO n. 19: create URL *friendly* al fine di rendere più accessibili le pagine che compongono il vostro sito.

Mod_rewrite

Per eseguire la riscrittura di URL dinamici in *link* statici, molto graditi ai motori di ricerca, è necessario che il nostro sito sia ospitato da un sistema con *server* Apache e *mod_rewrite* abilitato. Se avete un *hosting* Linux condiviso, il modulo dovrebbe essere attivo di *default*. Se non avete ancora acquistato l'*hosting*, assicuratevi prima che il modulo sia attivo e magari senza alcuna restrizione.

Per utilizzare al meglio questa procedura, sarebbe utile conoscere le espressioni regolari del PHP. Per iniziare dobbiamo creare il *file* ".htaccess", oppure controllare all'interno del nostro spazio FTP se non ne esiste già uno. Se esiste modifichiamo quello. .htaccess è un *file* di testo che contiene semplici informazioni interpretate dal *server* Apache.

Quando viene inviata una richiesta ad Apache, questi controlla che esista un *file* .htaccess all'interno della *directory* del *file* o nella cartella padre. Se il I esiste, Apache ne seguirà le direttive comportandosi come gli è stato indicato.

Applichiamo il *mod_rewrite*. Esempio:

```
RewriteEngine On
RewriteRule ^index\.html$ index.php [QSA,L,NC]
```

Il simbolo ^ dà inizio all'espressione regolare, il simbolo $ la chiude. Con questo esempio abbiamo attivato il modulo scrivendo "RewriteEngine On", con la riga successiva abbiamo trasformato lo URL http://www.NOMESITO.it/index.php
in http://www.NOMESITO.it/index.html

La seconda riga, come avrete notato, contiene alcune stringhe racchiuse tra parentesi quadre: i *flag*.
I *flag* si suddividono in:

- QSA (*Query String Append*)
    - appende al nuovo url eventuali variabili non considerate

durante la costruzione del *rewrite url*;

- L (non procedere)
  - indica al *server* di considerare la riga come ultimo settaggio, nessun'altra regola sarà applicata;
- NC (*no case*)
  - indica al *server* di interpretare le istruzioni fornitegli senza tener conto di differenza tra lettere maiuscole e minuscole.

Esempio:

```
RewriteEngine On
RewriteRule ^news-([0-9]+)\.html$ index.php?id=$1 [QSA,L,NC]
```

Il simbolo ^ dà inizio all'espressione regolare, il simbolo $ la chiude. La stringa assumerà valore "news-([numero dal 0 al 9]+volte).html". Più volte il numero significa che potrebbero essere più di una cifra es.: 20 o 231 ecc.

Abbiamo trasformato: http://www.NOMESITO.it/index.php?id=3 in: http://www.NOMESITO.it/news-3.html.

Esempio:

```
RewriteEngine On
RewriteRule ^([a-z0-9_-]+)/?([0-9]+)$ index.php?cat=$1&id=$2
[QSA,L,NC]
```

Il simbolo ^ dà inizio all'espressione regolare, il simbolo $ la chiude. La stringa assumerà valore "prima variabile passata/([numero dal 0 al 9]+volte)". Più volte il numero significa che potrebbero essere numeri a più di una cifra es.: 20 o 231 ecc.

Abbiamo trasformato:
http://www.NOMESITO.it/index.php?cat=5&id=3
in: http://www.NOMESITO.it/scarpe-donna/3
simulando di avere due *sottodirectory*.

Esempio inversioni variabili:

```
RewriteEngine On
RewriteRule ^([a-z0-9_-]+)/?([0-9]+)$ index.php?id=$2&cat=$1
[QSA,L,NC]
```

Il simbolo ^ dà inizio all'espressione regolare, il simbolo **$** la chiude. La stringa assumerà valore "prima variabile passata/([numero dal 0 al 9]+volte)". Più volte il numero significa che potrebbero essere numeri a più di una cifra es.: 20 o 231 ecc.

Abbiamo trasformato:
http://www.NOMESITO.it/index.php?id=3&cat=5
in: http://www.NOMESITO.it/scarpe-donna/3
simulando di avere due *sottodirectory*. In questo caso abbiamo volutamente invertito le variabili

```
RewriteRule ^([a-z0-9_-]+)/?([0-9]+)$ index.php?id=$2&cat=$1 [QSA,L,NC]
```

In ogni caso la prima parte rimane fissa "RewriteRule ^([a-z0-9_-]+)/?([0-9]+)$".

Attenzione

L'URL che dovrete scrivere nella pagina, dovrà essere esattamente l'URL nuovo (trasformato): http://www.NOMESITO.it/news-3.html.

SEGRETO n. 20: utilizzare le pagine canoniche vi permetterà

di evitare segnalazioni di contenuti duplicati.

Pagine canoniche

Dopo aver spiegato come fare una riscrittura dello URL per sfilare qualche posizione nei motori di ricerca, ci troviamo a dover affrontare un piccolo problema. La trasformazione dell'indirizzo della pagina ha realizzato un nuovo link senza eliminare quello precedente. Risultato: abbiamo due (o tanti altri URL) duplicati, che rimandano allo stesso contenuto. Come ormai avrete appreso, Google penalizza i contenuti duplicati. La soluzione per ovviare il problema potrebbe essere l'applicazione della "Gestione dei Parametri" all'interno degli "Strumenti per Webmaster" di Google, oppure l'inserimento di una stringa direttamente nella pagina di destinazione dei diversi link.

Ricordiamo però, che la gestione dei parametri di Google rende valida l'applicazione solo per Google stesso e Yahoo mentre, l'inserimento della stringa che andiamo a illustrare, è valida per tutti. La stringa va inserita nella parte iniziale del *file* tra i *tag* <head> e </head>

```
<link rel="canonical"
href="http://www.NOMESITO.it/product.php?nome=scarpa-tennis"/>
```

L'assegnazione della stringa, è un consiglio e non una direttiva, che è passata ai motori di ricerca per indicare che il *link* descritto è preferito rispetto ad altri.

Indicizzare le immagini

Google Image Search è il motore di ricerca che consente agli utenti di compiere indagini riguardanti le immagini. Questo particolare motore di ricerca è un ottimo strumento che riesce a raccogliere tutte le immagini presenti nei siti indicizzati da Google. Facile capire come rappresenti un canale in grado di allargare il bacino d'utenza per il nostro sito internet.

SEGRETO n. 21: indicizzare le immagini è importantissimo oggi. Gli utenti dimostrano di apprezzare il motore di ricerca Google Image Search e la statistica lo conferma.

È quindi doveroso apprendere come riuscire a trasformare una semplice immagine in una fonte di traffico. Anche in questo caso Google ci viene in aiuto descrivendo quali dovrebbero essere le caratteristiche delle immagini caricate e il loro collocamento all'interno del contesto.

Dall'esperienza acquisita, consiglio di seguire alcuni punti fondamentali per la buona riuscita dell'indicizzazione in Google Image Search:

1) scegliete con cura l'immagine da caricare, essa deve rappresentare il contesto in cui è inserita;
2) il nome dell'immagine deve anch'esso essere strettamente correlato con la rappresentazione grafica dell'immagine stessa. Esempio: se l'immagine raffigura uno *smart phone*, potreste scegliere di nominare il *file* con il nome stesso del telefono in questo modo "telefono-smart-phone-samsung-galaxy.jpg". Evitate di nominarla come ad esempio "1.jpg" e contenete la lunghezza dei caratteri;
3) ricordate di inserire il *tag* "ALT" (alternative text) tra gli attributi dell'immagine. Descrivete brevemente cosa rappresenta l'immagine tenendo in considerazione che i *browser* testuali (*browser* che non incorporano immagini) visualizzeranno proprio quel testo anziché l'immagine;
4) se decidete di inserire anche l'attributo *Title* dell'immagine, ricordate di renderlo diverso dal testo che avete immesso nell'attributo ALT. Inoltre il *Title* è essenziale per visualizzare il *tooltip* al passaggio del *mouse* sopra l'immagine. Internet

Explorer visualizzava il *tooltip* dal contenuto dell'attributo ALT confondendo gli sviluppatori;

5) l'immagine deve essere rigorosamente posizionata in modo da essere contornata dal testo cui si riferisce;
6) inserite immagini con estensioni conosciute: PNG, JPG, JPEG, GIF, BMP.

SEGRETO n. 22: non dimenticate di inserire l'attributo ALT nel codice sorgente dell'immagine. È di fondamentale importanza per l'indicizzazione.

Google Image Search predilige il contenuto dell'attributo ALT e le immagini di grandi dimensioni. Il motore riesce a classificare le immagini grazie a filtri che consentono di capire se l'immagine è riferita a un volto, se in bianco e nero, se un'immagine concernente un'opera d'arte oppure se non è una foto.

Per lo sviluppatore è molto importante considerare l'aspetto dell'incorporazione dell'immagine nel documento HTML.

RIEPILOGO CAPITOLO 5:

- SEGRETO n. 19: create URL *friendly* al fine di rendere più accessibili le pagine che compongono il vostro sito.
- SEGRETO n. 20: utilizzare le pagine canoniche vi permetterà di evitare segnalazioni di contenuti duplicati.
- SEGRETO n. 21: indicizzare le immagini è importantissimo oggi. Gli utenti dimostrano di apprezzare il motore di ricerca Google Image Search e la statistica lo conferma.
- SEGRETO n. 22: non dimenticate di inserire l'attributo ALT nel codice sorgente dell'immagine. È di fondamentale importanza per l'indicizzazione.

Conclusione

Piccole, medie e grandi aziende stanno investendo sempre più sullo strumento di comunicazione per eccellenza: internet. La maggior parte di esse si affida ad agenzie esperte per raggiungere importanti obiettivi.

Sono fermamente convinto che la curiosità sia una delle doti fondamentali che consente di scoprire sempre nuove informazioni necessarie per arrivare a compiere ciò che ci siamo prefissati. Se stai ancora leggendo questo ebook, sei senza dubbio una persona curiosa che ora ha tra le mani gli strumenti giusti. Tutto ciò che devi fare, è applicare quanto hai appreso da queste righe.

La statistica conferma che hai già scelto il canale giusto. Se conosci le basi del HTML (*HyperText Markup Language*) potresti immediatamente pianificare il tuo progetto tenendo in considerazione l'impegno che dovrai dedicare per il raggiungimento del tuo obiettivo. Il piano di lavoro richiederà costanza anche quando il tuo sito sarà completato perché, come tu ben sai, internet è in continua evoluzione e con esso, il codice di cui è costituito. Ricorda che i contenuti vanno scelti con cura, ma non sprecare troppo tempo per un lavoro che i tuoi utenti/clienti potrebbero fare al posto tuo: chiedi cosa vorrebbero trovare nel tuo sito, cosa desidererebbero modificare. Segui le loro indicazioni e sforzati di offrire ciò che hanno richiesto. Aggiorna i contenuti in maniera costante, accompagna il testo con fotografie o immagini ad alto impatto grafico.

Chiedi sempre ai tuoi clienti se sono soddisfatti dei prodotti/servizi che hanno acquistato e fai in modo che la loro valutazione sia evidente e leggibile a tutti i visitatori del tuo sito. La vendita dei tuoi prodotti è strettamente legata alla valutazione dei consumatori, ricordalo sempre. L'ultima arma di cui ti dovrai appropriare è la pazienza! I motori di ricerca potrebbero impiegare anche diversi mesi prima di incorporare il tuo sito al loro interno ma non disperare. Segui questa guida e sarai ricompensato. Io per primo l'ho utilizzata e ho visto siti con 4000 utenti unici mensili raggiungere i 30.000 visitatori unici in soli tre mesi.

Se non conosci il codice HTML, non preoccuparti, questa guida dovrebbe averti fornito comunque il materiale necessario per affrontare con decisione lo sviluppo di un sito internet da parte di una *web agency*. Non aspettare oltre, inizia subito e trasforma un semplice sito internet in uno strumento di *business*.

www.ingramcontent.com/pod-product-compliance
Ingram Content Group UK Ltd.
Pitfield, Milton Keynes, MK11 3LW, UK
UKHW022015190726
13853UKWH00005B/1942